Pour faciliter l'interprétation des chansons,
nous avons indiqué les refrains par un repérage en couleurs.
D'autre part, à partir du 3ème couplet, nous ne mentionnons
plus les répétitions ou interprétations que les premiers
couplets indiquent.

Retrouvez la liste des chansons enregistrées sur le CD,
grâce au signe ♪ dans le sommaire.

Malgré nos recherches, nous n'avons pu joindre certains auteurs
et/ou ayant-droits. Nous les invitons à prendre contact avec nous.

© 2004 Père Castor Éditions Flammarion
Éditions Flammarion (n°2562) - ISBN : 2-08162562-8
26 rue Racine - 75278 Paris Cedex 06
Tous droits réservés pour les auteurs et/ou ayant-droits que nous n'avons pu joindre.
Imprimé chez ERCOM en Italie - 07-2004 - Dépôt légal : septembre 2004
Loi n° 49-956 du 16 juillet 1949 sur les publications destinées à la jeunesse.

illustrations de
Hervé Le Goff

Mon Premier livre de Chansons

Père Castor ■ Flammarion

Sommaire

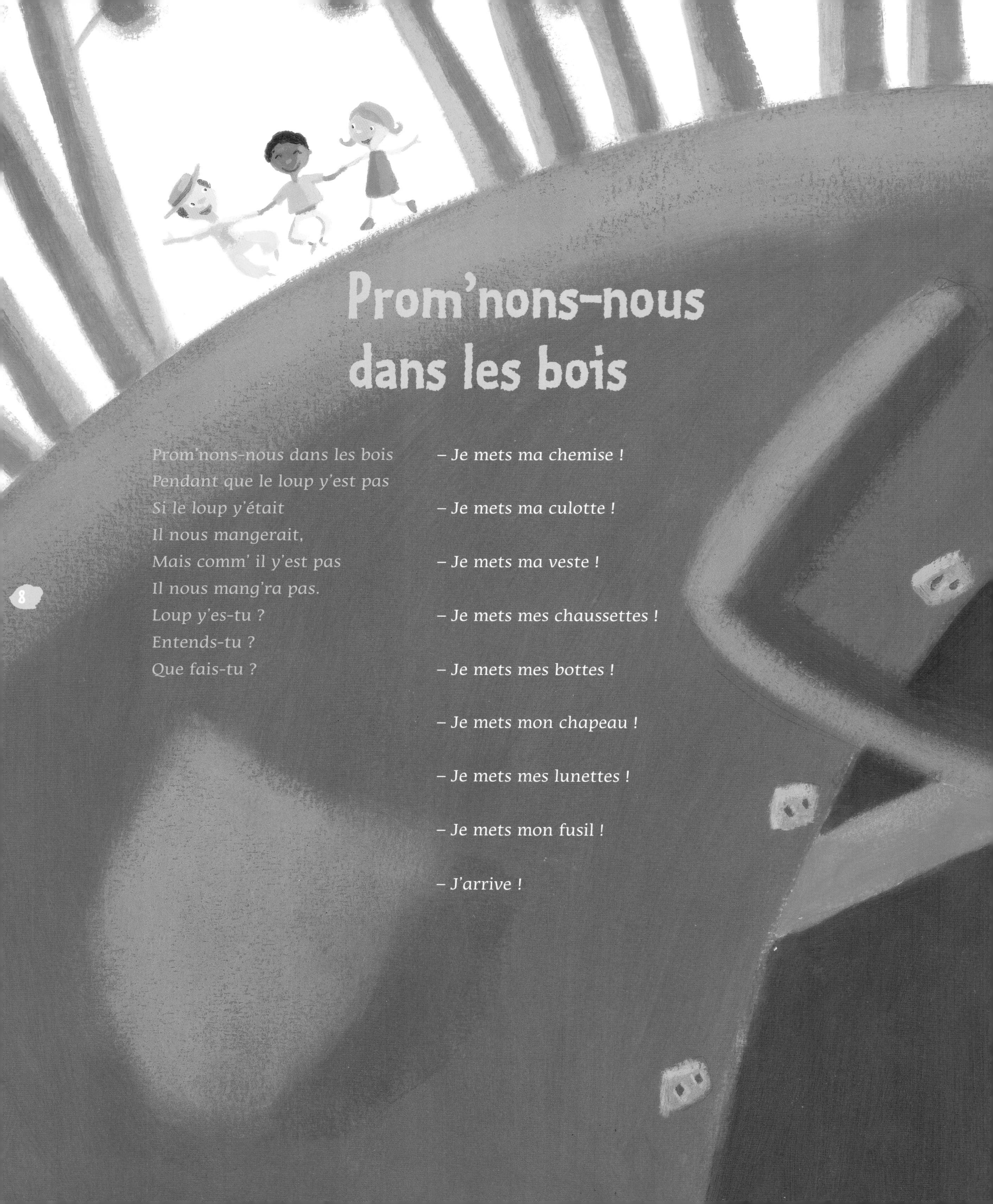

Prom'nons-nous dans les bois

Prom'nons-nous dans les bois
Pendant que le loup y'est pas
Si le loup y'était
Il nous mangerait,
Mais comm' il y'est pas
Il nous mang'ra pas.
Loup y'es-tu ?
Entends-tu ?
Que fais-tu ?

– Je mets ma chemise !

– Je mets ma culotte !

– Je mets ma veste !

– Je mets mes chaussettes !

– Je mets mes bottes !

– Je mets mon chapeau !

– Je mets mes lunettes !

– Je mets mon fusil !

– J'arrive !

8

Cette ronde date du XVIIᵉ siècle,
et est toujours mimée.
Pendant que des enfants
se tiennent par la main,
un joueur se cache et fait le loup.
Dès que le loup arrive,
tout le monde se disperse.
Le jeu est fini quand le loup
a « croqué » tous les enfants !
Mais vous pouvez rajouter autant
de couplets que vous le souhaitez.

Prom' nons - nous dans les bois Pen - dant que le loup y'est pas Si le
loup y'é - tait Il nous man - ge - rait, Mais comme il y'est pas Il nous
mang' ra pas. Loup y'es - tu? En - tends - tu? Que fais - tu?

Mon petit lapin...

Mon petit lapin
S'est sauvé dans le jardin.
– Cherchez moi coucou, coucou
Je suis caché dans un chou.

Remuant son nez
Il se moque du fermier.
– Cherchez moi coucou, coucou
Je suis caché sous un chou.

Tirant ses moustaches
Le fermier passe et repasse.
Mais il ne voit rien du tout :
Le lapin mange le chou.

Cette comptine prend tout son sens, lorsqu'elle est mimée. Au premier couplet, on imite le lapin (doigts derrière la tête). Ensuite, on met les mains devant les yeux pour faire mine de chercher. Et, du doigt, on dessine le chou. Au deuxième couplet, on remue le nez avec l'index. Puis on mime le fermier en mettant les mains sur les hanches. Au troisième couplet, on fait semblant de tirer des moustaches. Puis, de nouveau le fermier, jusqu'au lapin qui se gave de chou... Mais bien sûr, vous pouvez aussi inventer votre propre mime.

Mon pe-tit la-pin S'est sau-vé dans le jar-din. Cher-chez-moi cou-cou, cou-cou, Je suis ca-ché dans un chou.

Savez-vous planter les choux,
À la mode, à la mode,
Savez-vous planter les choux,
À la mode de chez nous ?

On les plante avec le doigt,
À la mode, à la mode,
On les plante avec le doigt,
À la mode de chez nous !

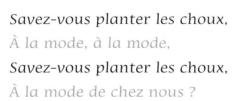

Savez-vous planter les choux ?

On les plante avec le pied...

On les plante avec le coude...

On les plante avec le g'nou...

On les plante avec le nez...

On les plante avec le front...

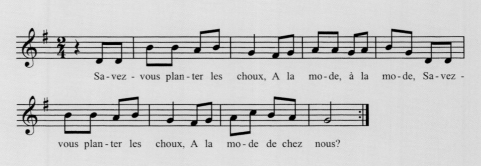

Avant d'être remplacé par la célèbre pomme de terre, le chou était autrefois le légume le plus répandu en France, ce qui explique la popularité de cette chanson. Cette comptine se prête également au mime.

Sa-vez - vous plan -ter les choux, A la mo-de, à la mo-de, Sa-vez-

vous plan -ter les choux, A la mo-de de chez nous?

Il était une fermière

Il était une fermière
Qui allait au marché.
Elle portait sur sa tête
Trois pommes dans un panier.
Les pommes faisaient rouli roula (bis)
Stop !

Trois pas en avant,
Trois pas en arrière,
Trois pas d'un côté,
Trois pas d' l'autre côté !

14

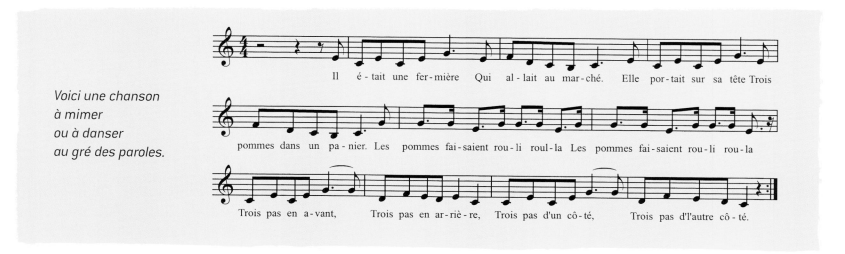

*Voici une chanson
à mimer
ou à danser
au gré des paroles.*

Il é-tait une fer-mière Qui al-lait au mar-ché. Elle por-tait sur sa tête Trois

pommes dans un pa-nier. Les pommes fai-saient rou-li roul-la Les pommes fai-saient rou-li rou-la

Trois pas en a-vant,   Trois pas en ar-riè-re, Trois pas d'un cô-té,   Trois pas d'l'autre cô-té.

Pomme de reinette

Pomme de reinette et pomme d'api,
Tapis, tapis rouge.
Pomme de reinette et pomme d'api,
Tapis, tapis gris.

Cache ton poing derrière ton dos
Ou j'te donne un coup de marteau.

Cette chanson, dont on ignore l'origine, se danse autant qu'elle se chante.
Les enfants font une ronde, les poings en avant. L'un d'eux reste au milieu.
Tous entonnent la chanson. À chaque mesure, l'enfant au milieu touche un à un les poings de ses camarades.
Au moment où il dit « gris », l'enfant désigné met son poing derrière le dos. La chanson peut être reprise.
Quand il n'y a plus qu'un enfant, c'est lui qui se place au milieu de la ronde, et l'on recommence à chanter !

Pomme de rei-nette et pomme d'a-pi, Ta-pis, ta-pis rou-ge.

Pomme de rei-nette et pomme d'a-pi, Ta-pis, ta-pis gris.

Gouttelettes de pluie

Gouttes gouttelettes de pluie,
Mon chapeau se mouille.
Gouttes gouttelettes de pluie,
Mes souliers aussi.

Je marche sur la route
Je connais le chemin.
Je passe à travers goutt's
En leur chantant ce gai refrain.

Je marche dans la boue
J'en ai jusqu'au menton.
J'en ai même sur les joues
Et pourtant je fais attention.

Mais derrière les nuages
Le soleil s'est levé.
Il sèche le village,
Mon chapeau et mes souliers.

Gouttes gouttelettes de pluie,
Adieu les nuages.
Gouttes gouttelettes de pluie,
L'averse est finie.

Francine Cockenpot, "Gouttelettes de pluie", Fleurs d'or (1946) in **Chansons d'une vie (1940-1990)**
© Éditions du Seuil, 1992

Cette chanson a été écrite par **Francine Cockenpot** (1918-2001),
auteur de nombreuses chansons pour les scouts et les guides de France.
Ses compositions sont extrêmement célèbres en France, à tel point qu'on oublie souvent que ce ne sont pas
des chansons traditionnelles (par exemple **Colchiques dans les prés** ou **J'ai lié ma botte**).

À la pêche aux moules

À la pêche aux moules,
Je ne veux plus aller,
Maman !
À la pêche aux moules
Je ne veux plus aller.

Les garçons de Marennes
Me prendraient mon panier,
Maman !
Les garçons de Marennes
Me prendraient mon panier.

Quand un' fois ils vous tiennent
Sont-ils de bons enfants,
Maman !
Quand un' fois ils vous tiennent
Sont-ils de bons enfants ?

Ils vous font des caresses
De petits compliments,
Maman !
Ils vous font des caresses
De petits compliments.

18

Cette chanson nous vient de Saintonge. Vers le milieu du XIXᵉ siècle, les paroles ont été changées, car à cette époque on considérait les cités comme des lieux de perdition. Ainsi « les garçons de Marennes » ont été remplacés par « les gens de la ville ». Aujourd'hui, on chante une version revisitée, dans les années 70, par **Nestor** et **Jacques Martin**, mais nous avons privilégié les paroles originales.

A la pê-che aux mou-les Je ne veux plus al-ler, Ma-man! A

la pê-che aux mou-les Je ne veux plus al-ler. Les gar-çons de Ma-

ren-nes Me pren-draient mon pa-nier, Ma-man! Les gar-çons de Ma-

ren-nes Me pren-draient mon pa-nier.

Maman les p'tits bateaux

– Maman les p'tits bateaux
Qui vont sur l'eau
Ont-ils des jambes ?
– Mais oui, mon gros bêta
S'ils n'en avaient pas,
Ils ne march'raient pas !

Allant droit devant eux,
Ils font le tour du monde,
Et comme la terre est ronde,
Ils reviennent chez eux.

Ma - man les p'tits ba - teaux Qui vont sur l'eau Ont - ils des jam - bes? Mais

oui, mon gros bê - ta, S'ils n'en a - vaient pas, Ils ne march' raient pas! Al - lant droit de - vant

eux, Ils font le tour du mon - de, Et comme la terre est ronde, Ils re - vien - nent chez eux.

Bateau sur l'eau

Bateau, sur l'eau,
La rivière, la rivière.
Bateau, sur l'eau,
La rivière au bord de l'eau.
Plouf !

L'enfant est assis à califourchon
sur les genoux d'un plus grand.
Retenu par les mains,
il se balance d'avant en arrière,
au rythme de la chanson.
« Plouf ! » marque la chute
soudaine en arrière.

Ba - teau, sur l'eau, La ri - viè - re, la ri - viè - re. Ba -
teau, sur l'eau, La ri - vière au bord de l'eau.

Sur le pont d'Avignon

Sur le pont d'Avignon,
On y danse, on y danse
Sur le pont d'Avignon,
On y danse, tous en rond.

Les belles dames font comme ça,
Et puis encore comme ça.

Les beaux messieurs font comme ça.
Et puis encore comme ça.

Les militaires font comme ça...

Les musiciens font comme ça...

Les cordonniers font comme ça...

Les blanchisseurs font comme ça...

Les enfants font comme ça...

Cette chanson, dans la version
que nous connaissons,
date du milieu du XIXᵉ siècle
et se dansait en cercle.
Construit au XIIᵉ siècle, le pont d'Avignon
était à l'origine long de 900 mètres
et avait 22 arches. Malheureusement,
il s'est effondré durant le règne
de Louis XIV, et aujourd'hui,
seule une petite partie subsiste.
Il est amusant d'ajouter, au cours
du chant, autant de personnages
que l'on souhaite, et de les mimer.

Sur le pont d'A-vi-gnon, on y dan-se, on y dan-se. Sur le

pont d'A-vi-gnon, On y dan-se, tous en rond. Les bel-les dames font

comme ça, Et puis en-co-re comme ça.

Dansons la capucine,
Y'a plus de pain chez nous,
Y'en a chez la voisine,
Mais ce n'est pas pour nous.
You !

Dansons la capucine,
Y'a pas de vin chez nous,
Y'en a chez la voisine,
Mais ce n'est pas pour nous.
You !

Dansons la capucine

Dansons la capucine,
Y'a du plaisir chez nous,
On pleure chez la voisine,
On rit toujours chez nous.
You !

Cette ronde est une version
de **La Carmagnole**,
qui fut composée à la Révolution,
et se chante sur le même air.
La ronde tourne dans le sens
des aiguilles d'une montre,
et se termine en position accroupie
après le saut de « You ! ».

Dan - sons la   ca - pu - ci - ne,   Y'a   plus de   pain chez nous

Y'en   a chez   la voi - si - ne,   Mais   ce n'est   pas pour nous.

Gugusse

C'est Gugusse avec son violon
Qui fait danser les filles (bis)
C'est Gugusse avec son violon
Qui fait danser les filles
Et les garçons.

Mon papa ne veut pas
Que je danse, que je danse,
Mon papa ne veut pas
Que je danse la polka
Il dira ce qu'il voudra
Moi je danse, moi je danse
Il dira ce qu'il voudra
Moi je danse la polka.

*Sous le Second Empire, les violoneux jouaient et chantaient cette chanson lors des mariages
à la campagne. La polka est une danse folklorique d'origine polonaise, au rythme très enlevé.
On a pris l'habitude de chanter en deux groupes, l'un de garçons, l'autre de filles.*

C'est Gu - gusse a - vec son vi - o - lon, Qui fait dan - ser les fil - les, Qui fait dan - ser les fil - les. C'est Gu - gusse a -

vec son vi - o - lon, Qui fait dan - ser les filles Et les gar - çons. Mon Pa - pa ne veut pas Que je dan - se,

que je dan - se. Mon Pa - pa ne veut pas Que je dan - se la pol - ka. Il di - ra c'qu'il vou - dra,

Moi je dan - se, moi je dan - se, Il di - ra c'qu'il vou - dra, Moi je dan - se la pol - ka.

À la volette

C'est un p'tit oiseau
Qui prit sa volée.
C'est un p'tit oiseau
Qui prit sa volée.
Qui prit sa,
À la volette
Qui prit sa,
À la volette
Qui prit sa volée. (bis)

Il prit sa volée
Sur un oranger.
Il prit sa volée
Sur un oranger.
Sur un o,
À la volette
Sur un o,
À la volette
Sur un oranger. (bis)

La branche était sèche
L'oiseau est tombé…

Mon petit oiseau
Où t'es-tu blessé ?…

Je m'suis cassé l'aile
Et tordu le pied…

Mon petit oiseau
Veux-tu te soigner ?…

Je veux me soigner
Et me marier…

Et c'est (…)
Qui s'ra ma fiancée.

*Cette chanson ancienne
remonte au XVIIᵉ siècle.
Les enfants forment une ronde,
un petit garçon se place au centre
et mime l'oiseau blessé.
À la fin le garçon choisit
sa bien-aimée en énonçant
son prénom
dans la dernière strophe.*

J'ai descendu dans mon jardin

J'ai descendu dans mon jardin (bis)
Pour y cueillir du romarin.

Gentil coqu'licot, Mesdames,
Gentil coqu'licot, nouveau !

Pour y cueillir du romarin (bis)
J'n'en avais pas cueilli trois brins.

J'n'en avais pas cueilli trois brins (bis)
Qu'un rossignol vint sur ma main.

Qu'un rossignol vint sur ma main (bis)
Il me dit trois mots en latin.

28

Il me dit trois mots en latin (bis)
Que les hommes ne valent rien.

Que les hommes ne valent rien (bis)
Et les garçons encor' bien moins !

Et les garçons encor' bien moins ! (bis)
Des dames, il ne me dit rien.

Des dames, il ne me dit rien (bis)
Mais des d'moisell' beaucoup de bien.

Cette chanson nous vient
de Touraine et semble dater
du règne de Louis XV, même si
l'on trouve des traces des 4
premiers couplets dès le XIIᵉ siècle.
Les thèmes du jardin, de la belle,
du rossignol et de la cueillette
des fleurs sont très fréquents
dans les chansons populaires.
Le rossignol y représente souvent
le messager qui intervient auprès
de la jeune fille pour lui parler
de son amoureux.

Auprès de ma blonde

Dans le jardin d'mon père, les lauriers sont fleuris (bis)
Tous les oiseaux du monde vienn' y faire leurs nids.

Auprès de ma blonde,
Qu'il fait bon, fait bon, fait bon.
Auprès de ma blonde,
Qu'il fait bon dormir !

30

Tous les oiseaux du monde vienn' y faire leurs nids (bis)
La caille, la tourterelle et la jolie perdrix.

La caille, la tourterelle et la jolie perdrix (bis)
Et la blanche colombe, qui chante jour et nuit.

Et la blanche colombe, qui chante jour et nuit (bis)
Elle chante pour les filles qui n'ont pas de mari.

Elle chante pour les filles qui n'ont pas de mari (bis)
C'est pas pour moi qu'elle chante car j'en ai un joli.

C'est pas pour moi qu'elle chante car j'en ai un joli (bis)
Il est dans la Hollande, les Hollandais l'ont pris.

Il est dans la Hollande, les Hollandais l'ont pris (bis)
– Que donneriez-vous, Belle, pour voir votre mari ?

– Que donneriez-vous, Belle, pour voir votre mari ? (bis)
– Je donnerais Versailles, Paris et Saint-Denis.

– Je donnerais Versailles, Paris et Saint-Denis (bis)
Le royaume de mon père, celui d'ma mère aussi.

Le royaume de mon père, celui d'ma mère aussi (bis)
Et la jolie colombe, qui chante jour et nuit.

*Cette chanson, d'origine vendéenne,
est attribuée à* **André Joubert**,
*et date du règne de Louis XIV.
Lorsque les Hollandais occupèrent
l'île de Noirmoutier, André Joubert
fut embarqué comme prisonnier
avec d'autres camarades.
On dit qu'il composa cet air
à son retour de captivité,
quelques années plus tard.*

Il était un petit homme,
Pirouette, *cacahouète*,
Il était un petit homme,
Qui avait une drôle de maison. (bis)

La maison est en carton,
Pirouette, *cacahouète*,
La maison est en carton
Les escaliers sont en papier. (bis)

Pirouette, cacahouète

Si vous voulez y monter…
Vous vous cass'rez le bout du nez. (bis)

Le facteur y est monté…
Il s'est cassé le bout du nez. (bis)

On lui a raccommodé…
Avec du joli fil doré. (bis)

Le beau fil s'est cassé…
Le bout du nez s'est envolé. (bis)

Un avion à réaction…
A rattrapé le bout du nez. (bis)

Mon histoire est terminée…
Messieurs, Mesdames, applaudissez ! (bis)

Escargot de Bourgogne

Escargot d'Bourgogne,
Montre-moi tes cornes,
Si tu ne m'les montres pas,
Je te mets la tête en bas.

Colimaçon borgne,
Montre-moi tes cornes,
Si tu ne m'les montres pas,
Je te fais cuire à la casserole.

Escargot d'Bourgogne,
Montre-moi tes cornes,
Si tu ne m'les montres pas,
Je le dirai au Maître
Qui te coupera la tête,
Je le dirai au loup,
Qui te coupera le cou.

34

Es - car - got d'Bour - go - gne,   Mon - tre - moi   tes   cor - nes,

Si   tu   ne m'les   mon - tres pas,   Je   te mets la   tête en bas.

Le furet

Il court, il court le furet
Le furet du bois, Mesdames.
Il court, il court le furet
Le furet du bois joli.

Il est passé par ici,
Il repassera par là.

Il repassera par là,
Devinez s'il est ici.

Le furet est un petit animal blanc dont on se sert
pour chasser le lapin. Le furet est aussi un jeu qui date
du XVIᵉ siècle : on se passe de main en main
un anneau enfilé sur une corde, tenue par les joueurs.
Le joueur, placé au milieu de la ronde, doit deviner où se
trouve l'anneau au moment où la chanson se termine.
Si le joueur gagne, il échange sa place avec celui
qui tenait alors l'anneau.

Il court, il court le fu - ret, le fu - ret du bois, Mes -
dames, Il court, il court le fu - ret, Le fu - ret du bois jo -
li. Il est pas - sé par i - ci, Il re - pas - se - ra par là.

Mon âne

Mon âne, mon âne a bien mal à sa tête ;
Madame lui fait faire un bonnet pour sa fête.
Un bonnet pour sa fête,
Et des souliers lilas, la la,
Et des souliers lilas.

Mon âne, mon âne a bien mal aux oreilles ;
Madame lui fait faire une paire de boucles d'oreilles.
Une paire de boucles d'oreilles,
Un bonnet pour sa fête...

Mon âne, mon âne a bien mal à ses yeux ;
Madame lui fait faire une paire de lunettes bleues...

Mon âne, mon âne a bien mal à son nez ;
Madame lui fait faire un joli cache-nez...

Mon âne, mon âne a mal à l'estomac ;
Madame lui fait faire une tasse de chocolat...

*Voici une chanson à récapitulation.
À chaque couplet, on ajoute un élément :
la paire de boucles d'oreilles, le bonnet
pour la fête, les souliers lilas...
en reprenant l'énumération dès le début.
On peut mimer les paroles en touchant
les parties du corps désignées
(la tête pour le bonnet, les yeux
pour les lunettes, etc.).*

Mon â - ne, mon â - ne a bien mal à sa tête. Ma -
da - me lui fait fai - re un bon - net pour sa fête. Un bon - net pour sa
refrain
fête, Et des sou - liers li - las, la la, Et des sou - liers li - las.

La mère Michel

C'est la mère Michel
Qui a perdu son chat,
Qui crie par la fenêtre
À qui le lui rendra.
C'est le père Lustucru
Qui lui a répondu :
– Allez, la mère Michel,
Vot' chat n'est pas perdu !

Sur l'air du tra la la la la
Sur l'air du tra la la la la
Sur l'air du tra déri déra
Et tra la la.

C'est la mère Michel
Qui lui a demandé :
– Mon chat n'est pas perdu,
vous l'avez donc trouvé.
C'est le père Lustucru
Qui lui a répondu :
– Donnez une récompense,
Il vous sera rendu.

Alors la mère Michel
Lui dit : – C'est décidé,
Si vous m'rendez mon chat
Vous aurez un baiser.
Et le père Lustucru
Qui n'en a pas voulu
Lui dit : – Pour un lapin,
Votre chat est vendu.

On pense que cette chanson, qui se joue comme une pièce de théâtre, date du XIXe siècle. Mais Lustucru (dont le nom vient du jeu de mots « L'eusses-tu cru ? ») est un personnage de chansons du XVIIe siècle.
L'air est entraînant comme une marche militaire. D'ailleurs, à l'origine, il a été composé après les exploits du Maréchal de Catinat, en 1693.

C'est la mère Mi - chel Qui a per - du son chat, Qui crie par la fe - nêtre A qui le
lui ren - dra. C'est le père Lus - tu - cru Qui lui a ré - pon - du: Al - lez la mère Mi -
chel Vot' chat n'est pas per - du! Sur l'air du tra la la la la, Sur l'air du tra la la la
refrain
la, Sur l'air du tra - dé - ri - dé - ra, Et tra la la.

Le fermier dans son pré
Le fermier dans son pré
Ohé, ohé, ohé,
Le fermier dans son pré.

Le fermier prend sa femme
Le fermier prend sa femme
Ohé, ohé, ohé,
Le fermier prend sa femme.

Le fermier dans son pré

La femme prend son enfant...

L'enfant prend la nourrice...

La nourrice prend le chat...

Le chat prend la souris...

La souris prend l'fromage...

Le fromage est battu...

Chacun se donne la main pour former une ronde,
et l'on tourne dans le sens des aiguilles d'une montre
en chantant la comptine.
C'est d'abord le fermier, au milieu du cercle,
qui choisit sa femme. Elle le rejoint,
et choisit alors l'enfant, et ainsi de suite jusqu'au dernier.
À la fin, le fromage s'accroupit,
et tout le monde lui « bat » le dos.

Le fer-mier dans son pré Le fer-mier dans son pré O-hé, o-hé, o-hé, Le fer-mier dans son pré.

Meunier, tu dors,
Ton moulin, ton moulin
Va trop vite,
Meunier, tu dors,
Ton moulin, ton moulin
Va trop fort.

Meunier, tu dors

Ton moulin, ton moulin
Va trop vite,
Ton moulin, ton moulin
Va trop fort.

Ton moulin, ton moulin
Va trop vite,
Ton moulin, ton moulin
Va trop fort.

*Cette chanson est assez récente. Elle date du début du XXe siècle, lorsque les moulins étaient toujours en activité. Mimée, la chanson est fort amusante. D'abord on mime le meunier, en faisant semblant de dormir, tête penchée et mains jointes.
Ensuite, on mime le moulin en faisant des tourniquets avec ses mains, doucement puis de plus en plus vite.*

Meu - nier, tu dors, Ton mou - lin, ton mou - lin va trop vi - te, Meu - nier, tu dors, Ton mou - lin, ton mou - lin va trop fort. Ton mou - lin, ton mou - lin va trop vi - te, Ton mou - lin, ton mou - lin va trop fort. Ton mou - lin, ton mou - lin va trop vi - te Ton mou - lin, ton mou - lin va trop fort.

Dans le pré s'en va le train

44

Sous l'tunnel s'en va le train,
Tout chargé de sacs de grains.
Baisse-toi, derrière moi,
Et tiens-toi des deux mains.
Tchou ! Tchou !

Sur le pont s'en va le train
Tout chargé de sacs de grains.
Relève-toi, derrière moi,
Et tiens-toi des deux mains.
Tchou ! Tchou !

Dans le pré s'en va le train
Tout chargé de sacs de grains.
Accroche-toi, derrière moi,
Et tiens-toi des deux mains.
Tchou ! Tchou !

*Voici une chanson particulièrement appréciée
dans les cours d'école, quand il s'agit
de rassembler les enfants.
Quelques enfants forment le train,
en s'accrochant par les épaules,
et démarrent en chantant le premier couplet.
À la fin du couplet, le train s'arrête à une gare,
d'autres enfants les rejoignent et entonnent
le deuxième couplet. En route pour
la gare suivante et le troisième couplet !*

Dans le pré s'en va le train   Tout char-gé de sacs de grains.

Ac-croche-toi, der-rière moi, Et tiens - toi des deux mains.

Le coq est mort

Le coq est mort, le coq est mort,
Le coq est mort, le coq est mort.
Il ne dira plus cocodi, cocoda,
Il ne dira plus cocodi, cocoda.
Cocodicodi, cocodi coda.
Cocodicodi, cocodi coda.

Cette comptine se chante en canon. Elle est parfaite pour travailler sa prononciation et sa diction !

Le coq est mort, le coq est mort. Le coq est mort, le coq est mort.

Il ne di - ra plus co - co - di, co - co - da, Il ne di - ra plus co - co - di, co - co - da.

Co - co - di - co - di, co - co - di co - da. Co - co - di - co - di, co - co - di co - da.

Quand trois poules...

Quand trois poules s'en vont aux champs,
La première s'en va devant.
La seconde suit la première,
La troisième va derrière.
Quand trois poules s'en vont aux champs,
La première va devant.

*Sur l'air de **Ah ! vous dirai-je Maman**,
voici une comptine à mimer.
Les enfants, à la queue leu leu
et trois par trois, chantent en marchant,
et apprennent à se déplacer
dans l'espace, en évitant de couper
les autres files.*

Alouette, gentille alouette,
Alouette, je te plumerai.

Je te plumerai la tête. (bis)
Et la tête, (bis)
Alouette, (bis)
Ah !

Alouette

Je te plumerai le bec. (bis)
Et le bec, (bis)
Et la tête, (bis)
Alouette, (bis)
Ah !

Je te plumerai les yeux…

Je te plumerai le cou…

Je te plumerai les ailes…

Je te plumerai les pattes…

Je te plumerai la queue…

Je te plumerai le dos…

*Voici une ronde énumérative
à répétition.
À chaque couplet, il convient
d'ajouter les éléments
précédents, et ainsi de
compléter les vers tout en
les mimant. On mettra, tour
à tour, les mains sur la tête,
puis sur le bec (ou le nez),
sur les yeux, etc.*

A - lou - et - te, gen - tille a - lou - et - te, A - lou - et - te, je te plu - me - rai.

couplet

Je te plu - me - rai la tête, Je te plu - me - rai la tête. Et la tête, et la tête,

A - lou - ette, a - lou - ette, Ah !

Frère Jacques

Frère Jacques, Frère Jacques
Dormez-vous, dormez-vous ?
Sonnez les matines, sonnez les matines,
Dig, ding, dong, dig, ding, dong !

Cette chanson, qui daterait
du XVIIe siècle, est un canon
à deux ou quatre voix.
Les matines sont un office nocturne :
il faut alors se lever dans la nuit
pour sonner les cloches.
La chanson demande donc au moine
s'il dort ! Le nom du moine, Jacques,
rappelle l'ordre des Jacobins
qu'on disait plutôt bon vivants
et même un peu paresseux...

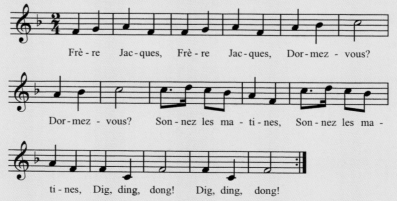

Frè - re   Jac - ques,   Frè - re   Jac - ques,   Dor - mez - vous?

Dor - mez - vous?   Son - nez les ma - ti - nes,   Son - nez les ma -

ti - nes,   Dig, ding, dong!   Dig, ding, dong!

La grosse cloche sonne !
Dig, ding, dong !

La cloche du vieux manoir

C'est la cloche du vieux manoir
Du vieux manoir.
Qui sonne le retour du soir
Le retour du soir.
Dig, ding, dong !
Dig, ding, dong !

Cette comptine se chante en canon à trois voix :
la deuxième voix entonne le premier vers,
quand la première entonne le deuxième.
Ensuite, la troisième voix commence.
Un vrai jeu d'échos...

C'est la clo-che du vieux ma-noir-, Du vieux ma-noir -, Qui son-

ne le re-tour du soir, le re-tour du soir. Dig, ding, dong! Dig, ding, dong!

Petit garçon

Dans son manteau, rouge et blanc,
Sur un traîneau porté par le vent,
Il descendra, par la cheminée.
Petit garçon il est l'heure d'aller se coucher.

Tes yeux se voilent,
Écoute les étoiles.
Tout est calme, reposé,
Entends-tu les clochettes tintinnabuler ?

Et demain matin, petit garçon,
Tu trouveras, dans tes chaussons,
Tous les jouets, dont tu as rêvés.
Petit garçon il est l'heure d'aller se coucher.

Tes yeux se voilent,
Écoute les étoiles.
Tout est calme, reposé,
Entends-tu les clochettes tintinnabuler ?

Et demain matin, petit garçon,
Tu trouveras, dans tes chaussons,
Tous les jouets, dont tu as rêvés.
Maintenant il est l'heure d'aller se coucher.

Petit garçon (titre original : Old toy trains)
Roger Miller/Graeme Allwright, éditions Paris Tree Music (extrait de l'album «Le jour de clarté», Mercury/Universal 1968)

À la fin des années 60, Graeme Allwright puise dans le répertoire folksong américain et irlandais,
et adapte en français plusieurs chansons comme Le trimardeur, Petites boîtes, Qui a tué David More, Jolie bouteille, etc...
Des textes racontant des histoires au quotidien, contestataires et à la fois poétiques,
des ballades irlandaises, que le public français va découvrir.
Ses adaptations sont particulièrement réussies et deviennent des grands succès populaires.

Au clair de la lune,
Mon ami Pierrot,
Prête-moi ta plume,
Pour écrire un mot.
Ma chandelle est morte,
Je n'ai plus de feu.
Ouvre-moi ta porte,
Pour l'amour de Dieu !

Au clair de la lune

Au clair de la lune,
Pierrot répondit :
– Je n'ai pas de plume,
Je suis dans mon lit.
Va chez la voisine,
Je crois qu'elle y est,
Car dans sa cuisine
On bat le briquet.

Au clair de la lune,
L'aimable Lubin
Frappe chez la brune.
Elle répond soudain :
– Qui frappe de la sorte ?
Il dit à son tour :
– Ouvrez-moi votre porte
Pour le Dieu d'amour.

Au clair de la lune,
On n'y voit qu'un peu :
On chercha la plume,
On chercha du feu.
En cherchant d'la sorte
Je n'sais c'qu'on trouva,
Mais j'sais que la porte,
Sur eux se ferma.

De cette chanson pourtant très populaire, on ne connaît ni l'auteur ni le compositeur. Elle fut longtemps attribuée à Lulli. Mais les couplets furent publiés, en France, en 1846 par Du Mersan, dans **Chansons nationales et populaires**.
Le premier couplet aurait cependant été écrit par Longuet, et ajouté en 1870.
Pierrot est un personnage du répertoire de la **Commedia dell'arte** ; mais à l'origine **Au clair de la lune** n'a pas été écrit pour les enfants, puisque la chanson conte les ébats amoureux.

Au clair de la lu - ne, Mon a - mi Pier - rot, Prê - te - moi ta plu - me, Pour é - crire un mot. Ma chan - delle est mor - te, Je n'ai plus de feu. Ou - vre - moi ta por - te, Pour l'a - mour de Dieu!

Une souris verte

Une souris verte
Qui courait dans l'herbe,
Je l'attrape par la queue,
Je la montre à ces messieurs.
Ces messieurs me disent :
– Trempez-la dans l'huile,
Trempez-la dans l'eau,
Ça fera un escargot
Tout chaud.

56

Je la mets dans un tiroir,
Elle me dit :
– Il fait trop noir !
Je la mets dans mon chapeau,
Elle me dit :
– Il fait trop chaud !

Je la mets dans ma culotte,
Elle me fait
Trois petites crottes.
Je la mets dans ma chemise,
Elle me fait
Trois petites bises.

Voici une des comptines les plus populaires du répertoire enfantin, à tel point qu'on trouve aujourd'hui de nombreuses versions de ses couplets. Mais son origine date du début du XVIIIe siècle.

U-ne sou-ris ver-te Qui cou-rait dans l'her-be, Je l'at-tra-pe par la queue, Je la montre à

ces mes-sieurs. Ces mes-sieurs me di-sent: Trem-pez - la dans l'hui-le, Trem-pez - la dans

l'eau, Ca fe - ra un es-car - got tout chaud. Je la mets dans un ti-roir, Elle me dit: Il

fait trop noir! Je la mets dans mon cha-peau, Elle me dit: Il fait trop chaud!

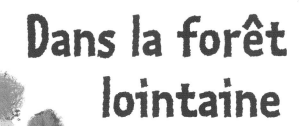

Dans la forêt lointaine

Dans la forêt lointaine,
On entend le coucou.
Du haut de son grand chêne,
Il répond au hibou :
Coucou, coucou !
On entend le coucou !
Coucou, coucou !
On entend le coucou !

Le coucou est un oiseau au plumage gris et noir, dont le chant est réputé répétitif et très simple. Cette chanson est un canon à trois voix, imitant ainsi l'écho de la forêt et le chant monotone du coucou.

Le grand cerf

Dans sa maison, le grand cerf
Regardait par la fenêtre
Un lapin venir à lui
Et frapper à l'huis :
– Cerf, cerf, ouvre-moi,
Ou le chasseur me tuera !
– Lapin, lapin, entre et viens,
Me serrer la main.

Cette comptine traditionnelle se transmet de génération en génération, chacun y allant de sa version pour la mimer : la maison, le grand cerf, le lapin, le chasseur, etc. Jusqu'au final pour se serrer la main !

Dans sa mai-son, le grand cerf Re-gar - dait par la fe-nê-tre,

Un la-pin ve-nir à lui Et frap-per à l'huis: Cerf, cerf, ou-vre-moi,

Ou le chas-seur me tue-ra! La-pin, la-pin, entre et viens, Me ser-rer la main.

La bonne aventure ô gué

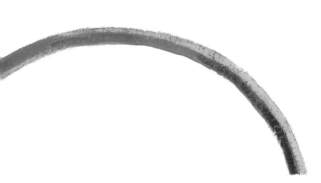

Je suis un petit poupon
De bonne figure,
Qui aime bien les bonbons
Et les confitures.
Si vous voulez m'en donner,
Je saurai bien les manger.
La bonne aventure ô gué,
La bonne aventure.

Lorsque les petits garçons
Sont gentils et sages,
On leur donne des bonbons,
De belles images.
Mais quand ils se font gronder,
C'est le fouet qu'il faut donner.
La triste aventure ô gué,
La triste aventure.

Je serai sage et bien bon
Pour plaire à ma mère,
Je saurai bien ma leçon
Pour plaire à mon père.
Je veux bien les contenter
Et s'ils veulent m'embrasser.
La bonne aventure ô gué,
La bonne aventure.

Cette petite ritournelle toute tendre se chante en tenant l'enfant par la main et en le caressant doucement. À la fin on finit par une chatouille ! C'est la variante d'une chanson plus ancienne Si le Roy m'avait donné, composée au château de Bonne-Aventure, près de Vendôme, au XVIe siècle.

Ainsi font, font, font...

Ainsi font, font, font
Les petites marionnettes,
Ainsi font, font, font
Trois p'tits tours et puis s'en vont.

62

Les poings au côté
Marionnettes, marionnettes,
Les poings au côté
Marionnettes sautez, sautez.

La taille cambrée,
Marionnettes, marionnettes,
La taille cambrée,
Marionnettes dansez, dansez.

Puis le front penché
Marionnettes, marionnettes,
Puis le front penché
Marionnettes saluez !

Cette petite ronde enfantine, qui date
du XVᵉ siècle, a de beaux jours devant elle.
En effet, c'est avec elle que l'enfant fait
ses premiers gestes :
l'enfant tourne ses petites mains
l'une autour de l'autre, fait le moulin
avec ses bras, et les cache derrière son dos.
À l'origine, on ne chantait pas l'histoire
de marionnettes, mais celle de gentes
demoiselles.

Dors, min p'tit quinquin

Dors, min p'tit quinquin,
Min p'tit pouchin, min gros rojin !
Tu m'f'ras du chagrin,
Si te n'dors point ch'qu'à d'main.

Ainsi l'aut'jour eun' pauvr' dintelière
In amiclotant sin p'tit garchon,
Qui, d'puis tros quarts d'heure, n'faijot qu'braire
Tâchot d'l'indormir par eun' canchon.
Ell' li dijot : Min Narcisse,
D'main t'aras du pain d'épice,
Du chuc à gogo
Si t'es sache et qu'te fais dodo.

Et si te m'laich' faire eun' bonn' semaine,
J'irai dégager tin biau sarrau
Tin patalon d'drap, tin giliet d'laine
Comme un p'tit milord, te s'ras farau !
J't'acat'rai, l'jour d'la ducasse
Un porichinell' cocasse
Un turlututu
Pour juer l'air du capiau-pointu.

Nous irons dins l'cour Jeannette-à-Vaques
Vir les marionnett's. Comm' te riras,
Quand t'intindras dire : Un doup' pou' Jacques !
Pa' l'porichinell' qui parl' magas
Te li mettras dins s'menotte
Au lieu d'doupe, un rond d'carotte !
I t'dira : Merci !
Pins' comm' nous arons du plaisi !

Et si par hasard sin maite s'fâche,
Ch'est alors, Narciss, que nous rirons
Sans n'avoir invi', j'prindrai m'n air mache
J'li dirai sin nom et ses sournoms,
J'li dirai des fariboles
I m'in répondra des drôles
Infin, un chacun
Verra deux pestac' au lieu d'un.

Alors, serr' tes yeux, dors, min bonnhomme,
J'vas dire eun' prière à P'tit-Jésus
Pour qu'y vienne ichi, pindant tin somme
T'faire rêver qu'j'ai les mains plein's d'écus
Pour qu'i t'apporte eun'coquille
Avec du chirop qui guile
Tout l'long d'tin minton
Te pourlèqu'ras tros heur's de long.

L'mos qui vient, d'Saint-Nicolas ch'est l'fête
Pour sûr, au soir, y viendra t'trouver
I t'f'ra un sermon et t'laicher'ra mette
In d'zous du balot un grand painnier
I l'rimplira, si t'es sache,
D'séquois qui t'rindront bénache,
Sans cha, sin baudet
T'invoira un grand martinet.

Ni les marionnett's, ni l'pain d'épice
N'ont produit d'effet, mais l'martinet
A vit' rappajé l'petit Narcisse
Qui craignot d'vir arriver l'baudet
Il a dit s'canchon dormoire...
S'mère l'a mis dins s'n'ochennoire
A r'pris sin coussin,
Et répété ving fos che r'frain.

Cette célèbre berceuse du XIXᵉ siècle vient du Nord et des Ardennes.
Elle a été composée par le chansonnier lillois Alexandre Desrousseaux.
C'est l'histoire populaire d'une dentellière qui fait des promesses à son enfant pour l'endormir doucement.
On y retrouve de nombreux éléments du folklore du Nord : le personnage de Polichinelle,
les sucreries, et saint Nicolas qui remplace le Père Noël.

Dors min p'tit quin - quin, Min p'tit pou - chin, min p'tit ro - jin! Tu m'fras du cha - grin, Si

couplet

te n'dors point ch'qu'à d'main. Ain - si l'aut' jour, eun' pauvr' din - te - liè - re, In a - mi - clo - tant sin p'tit gar -

chon Qui, d'puis tros quarts d'heur', n'fai - jot qu'brai - re, Tâ - chot d'l'in - dor - mir par eun' can - chon. Ell' li di - jot:

Min Nar - cis - se D'main t'a - ras du pain d'é - pi - ce, Du chuc à go - go, si t'es sache et qu'te fais do - do.

Un canard disait à sa cane

Un canard disait à sa cane :
– Ris, cane, ris, cane.
Un canard disait à sa cane :
– Ris, cane.
Et la cane a ri !

Un barbier disait à sa barbe :
– Ris, barbe, ris, barbe.
Un barbier disait à sa barbe :
– Ris, barbe.
Et la barbarie !

L'pâtissier disait à sa tarte :
– Ris, tarte, ris, tarte.
L'pâtissier disait à sa tarte :
– Ris, tarte.
Et la Tartarie !

Un ca - nard di -sait à sa ca - ne: Ris, ca -ne, ris, ca -ne. Un canard di-sait à sa ca - ne: Ris, cane, Et la cane a ri!

Am stram gram

Am stram gram
Pic et pic et colégram
Bour et bour et ratatam
Am stram gram
Pic !

Voici une comptine en onomatopées, qui joue sur le rythme et le son, plus que sur le sens.
Les enfants se réunissent et scandent la comptine, en commençant par le traditionnel « Plouf plouf ! ».
L'un d'entre eux pointe du doigt ses camarades, à chaque syllabe ainsi détachée.
Celui qui tombe sur le « Pic ! » est alors éliminé,
et le gagnant sera celui qui reste jusqu'à la fin.

Y'a une pie dans l'poirier,
J'entends la pie qui chante,
Y'a une pie dans l'poirier,
J'entends la pie chanter.
J'entends, j'entends,
J'entends la pie qui chante
J'entends, j'entends,
J'entends la pie chanter.

Y'a deux pies dans l'poirier…

Y'a trois pies dans l'poirier

Y'a une pie

Il s'agit d'une comptine numérique.
Avec cette petite ritournelle,
l'enfant déclame les chiffres
dans l'ordre croissant.

Il est amusant de noter l'ironie
de la chanson : les pies ne savent
pas chanter… elles jacassent !

Jamais on n'a vu

Jamais on n'a vu,
Jamais on n'verra,
La famille Tortue
Courir après les rats.
Le papa Tortue
Et la maman Tortue
Et les enfants Tortue
Iront toujours au pas !

*Cette chanson joue sur les mots
et les onomatopées.
Quand on dit « vu/verra »,
on claque des mains.
Quand on dit « tortue »,
on claque sa langue.
Quand on dit « rats »,
on fait « bzzzz ».
Et quand on dit « pas »,
on tape des pieds.*

Ja - mais on n'a vu, Et ja - mais on n'ver - ra, La fa - mille Tor - tue Cou - rir a - près les rats

Le pa - pa Tor - tue Et la ma - man Tor - tue Et les en - fants Tor - tue I - ront tou - jours au pas!

Sur le plancher

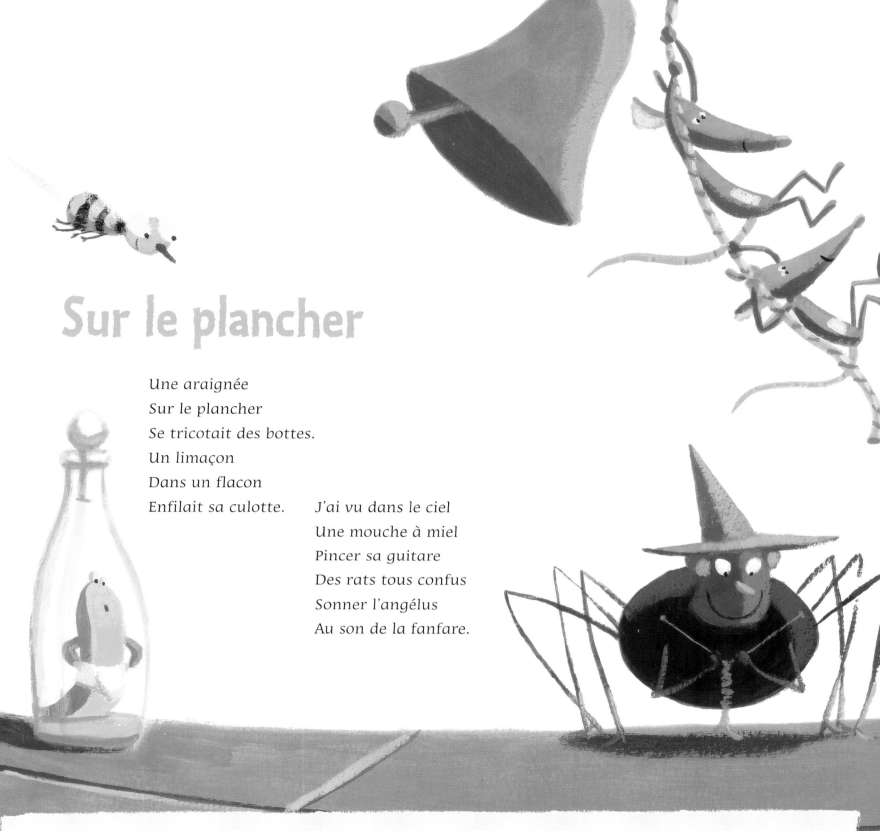

Une araignée
Sur le plancher
Se tricotait des bottes.
Un limaçon
Dans un flacon
Enfilait sa culotte.

J'ai vu dans le ciel
Une mouche à miel
Pincer sa guitare
Des rats tous confus
Sonner l'angélus
Au son de la fanfare.

*Cette chanson amusante sur
les petits animaux, comme l'araignée,
la mouche à miel (expression
du vieux français qui désigne l'abeille)
et le rat, se mime
comme on le veut.
Elle est idéale pour la période
d'Halloween !*

Une a-rai-gnée Sur le plan-cher Se tri-co-tait des bot-tes. Un li-ma-çon Dans un fla-con En-fi-lait sa cu-lot-te. J'ai vu dans le ciel Une mou-che à miel Pin-cer sa gui-ta-re. Des rats tout con-fus Son-ner l'an-gé-lus Au son d'la fan-fa-re.

Trois p'tits minous

Trois p'tits minous, p'tits minous, p'tits minous
Avaient perdu leurs mitaines,
S'en vont trouver leur mère :
– Maman nous avons perdu nos mitaines !
– Perdu vos mitaines ?
Vilains p'tits minous,
Vous n'aurez pas de crème !

Trois p'tits minous, p'tits minous, p'tits minous
Avaient r'trouvé leurs mitaines,
S'en vont trouver leur mère :
– Maman nous avons r'trouvé nos mitaines !
– R'trouvé vos mitaines ?
Gentils p'tits minous,
Vous aurez plein de crème !

Trois p'tits minous, p'tits minous, p'tits minous
Avaient sali leurs mitaines,
S'en vont trouver leur mère :
– Maman nous avons sali nos mitaines !
– Sali vos mitaines ?
Vilains p'tits minous,
Vous n'aurez pas de crème !

Trois p'tits minous, p'tits minous, p'tits minous
Avaient lavé leurs mitaines,
S'en vont trouver leur mère :
– Maman nous avons lavé nos mitaines !
– Lavé vos mitaines ?
Gentils p'tits minous,
Vous aurez plein de crème !

Trois p'tits minous, p'tits minous, p'tits minous
Avaient troué leurs mitaines,
S'en vont trouver leur mère :
– Maman nous avons troué nos mitaines !
– Troué vos mitaines ?
Vilains p'tits minous,
Vous n'aurez pas de crème !

Trois p'tits minous, p'tits minous, p'tits minous
Avaient r'prisé leurs mitaines,
S'en vont trouver leur mère :
– Maman nous avons r'prisé nos mitaines !
– R'prisé vos mitaines ?
Gentils p'tits minous,
Vous aurez plein de crème !

*Voici une ritournelle
pour calmer les petits.
Elle se chante en tenant la main
de l'enfant, et en la caressant
doucement.*

Ah ! vous dirai-je, Maman

Ah ! vous dirai-je, Maman
Ce qui cause mon tourment ?
Papa veut que je raisonne
Comme une grande personne.
Moi je dis que les bonbons
Valent mieux que la raison.

*Sur un air composé en 1740
par Wolfgang Amadeus Mozart
(K265), cette variation,
qui se joue généralement
au piano, est fort connue.*

Ah! vous di - rai - je, Ma - man, Ce qui cau - se mon tour - ment! Pa - pa

veut que je rai - sonne Comme u - ne gran - de per - sonne Moi je

dis que les bon - bons Va - lent mieux que la rai - son.

Petit Papa

Petit Papa,
C'est aujourd'hui ta fête.
Maman m'a dit,
Que tu n'étais pas là.
Voici des fleurs
Pour couronner ta tête,
Et un bouquet.
Pour mettre sur ton cœur.

Mon beau sapin, roi des forêts
Que j'aime ta verdure !
Quand par l'hiver, bois et guérets
Sont dépouillés de leurs attraits,
Mon beau sapin, roi des forêts
Tu gardes ta parure.

Mon beau sapin

Toi que Noël planta chez nous
Au saint anniversaire.
Mon beau sapin, comme il est doux
De te voir briller parmi nous,
Toi que Noël planta chez nous
Scintillant de lumière.

Mon beau sapin, tes verts sommets
Et leur fidèle ombrage,
De la foi qui ne ment jamais
De la constance et de la paix,
Mon beau sapin tes verts sommets
M'offrent la douce image.

Voici vraisemblablement la chanson la plus représentative de Noël. Elle vient d'Allemagne (O Tannenbaum), plus précisement de Leipzig, où elle a été composée au début du XIXᵉ siècle par le professeur Anschütz sur un air du XVIᵉ siècle.

Mon beau sa-pin, roi des fo-rêts Que j'ai-me ta ver - du - re! Quand par l'hi - ver, bois et gué-rets Sont dé-pouil-lés de leurs at-traits, Mon beau sa-pin, roi des fo-rêts, Tu gar-des ta pa - ru - re.

Le petit bonhomme

L'as-tu vu, l'as-tu vu,
Le petit bonhomme, le petit bonhomme ?
L'as-tu vu, l'as-tu vu,
Le petit bonhomme au chapeau pointu ?

On l'appelle Père Noël,
Par la cheminée, par la cheminée,
On l'appelle Père Noël,
Par la cheminée il descendra du ciel.

Il apporte des joujoux,
Sa hotte en est pleine, sa hotte en est pleine
Il apporte des joujoux,
Sa hotte en est pleine et c'est pour nous !

80

Fais dodo, Colas mon p'tit frère

Fais dodo, Colas mon p'tit frère,
Fais dodo, t'auras du lolo.

Maman est en haut,
Qui fait des gâteaux,
Papa est en bas,
Qui fait du chocolat.

Si tu es mignon,
Maman vient bientôt,
Si tu ne dors pas,
Papa s'en ira.

Cette berceuse très célèbre,
dont l'air daterait du XVIIIᵉ siècle,
se chante dans toutes les régions.
Néanmoins, selon les versions,
les paroles changent :
Papa coupe du bois, fait du nougat...

Fais do-do, Co-las mon-p'tit frè-re, Fais do-do, t'au-

couplet

ras du lo-lo. Ma-man est en haut, Qui fait des gâ-teaux, Pa-

pa est en bas, Qui fait du cho-co-lat.

Pouce, pouce fais claquer tes voisins.
Pouce, pouce fais danser tes voisins.
Pouce du soir au matin
Tu aimerais bien dormir dans ma bouche. (bis)
Pouce droit et pouce gauche
Jamais dans la même poche.

Pouce, tu habites dans une main,
Avec un paquet de voisins.
Si tu es bien réveillé,
Baisse-toi pour les saluer :
Le premier voisin tout mince
S'appelle Pince.
Le plus gros des quatr'
S'appelle Clac !
Le voisin d'à-côté, sans blagues,
Porte des bagues.
Puis, rinquinquin, c'est le dernier,
P'tit voisin mignon tout plein !

Pouce

Cette chanson interprétée par **Steve Waring** est l'œuvre d'**Alain Gibert**. Après avoir quitté sa Pensylvanie natale,
Steve Waring a découvert le répertoire des chansons françaises. Dans les années 80, il rencontre un autodidacte de la musique,
passionné de jazz et joueur de trombone : Alain Gibert. Complices depuis, ils proposent aux enfants de grands voyages musicaux.

Pouce, pourquoi tu te couches comme ça,
Dans un lit, recouvert de doigts.
Allez, gros, faut se lever,
Tes voisins, faut les présenter…
Le premier voisin tout mince
S'appelle Pince.
Le plus gros des quatr'
S'appelle Clac !
Le voisin d'à-côté, sans blagues,
Porte des bagues.
Puis, rinquinquin, c'est le dernier,
P'tit voisin mignon tout plein !

Pouce, dis donc, tu as du culot,
Tu te caches derrière mon dos.
Reviens, tes voisins s'agitent.

J'ai perdu le do de ma clarinette, (bis)

Ah ! si Papa il savait ça, tralala, (bis)
Il dirait, il chanterait :
– Au pas, camarade (bis)
Au pas, au pas, au pas
Au pas, camarade (bis)
Au pas, au pas, au pas
Au pas, au pas.

J'ai perdu le do

J'ai perdu le do le ré de ma clarinette...

J'ai perdu le do le ré le mi de ma clarinette...

J'ai perdu le do le ré le mi le fa de ma clarinette...

...

La clarinette est un instrument
à vent né au XVIIᵉ siècle en Allemagne.
Très vite, dans les noces
et les fêtes à la campagne,
on a pris l'habitude de danser
au son de cet instrument mélodieux.

Cette comptine est une chanson
à addition qui permet d'apprendre
la gamme : à chaque couplet,
on rajoute une note de musique.

J'ai per-du le do de ma cla-ri-net-te, J'ai per-du le do de ma cla-ri-net-te,

refrain
Ah! si Pa-pa il sa-vait ça, tra-la-la Ah! si Pa-pa il sa-vait ça tra-la-la

Il di-rait: O-hé! Il chant'-rait: O-hé! Au pas, ca-ma-rade, au pas, ca-ma-rade, Au pas, au pas,

au pas, Au pas, ca-ma-rade, au pas, ca-ma-rade, Au pas, au pas, au pas,

Le petit ver tout nu

Qui a vu, dans la rue,
Tout menu,
Le petit ver de terre ?
Qui a vu, dans la rue,
Tout menu,
Le petit ver tout nu ?

C'est la grue qui a vu
Tout menu,
Le petit ver de terre.
C'est la grue qui a vu
Tout menu,
Le petit ver tout nu

Et la grue a voulu
Manger cru
Le petit ver de terre.
Et la grue a voulu
Manger cru
Le petit ver tout nu.

Sous une laitue bien feuillue
A disparu
Le petit ver de terre.
Sous une laitue bien feuillue
A disparu
Le petit ver tout nu

Et la grue n'a pas pu
Manger cru
Le petit ver de terre.
Et la grue n'a pas pu
Manger cru
Le petit ver tout nu.

Cette petite comptine animalière
tourne autour du son « u ».
L'enfant peut faire jouer
son imagination en inventant
d'autres rimes en « u ».

Qui a vu, dans la rue, Le pe-tit ver de ter-re?

Qui a vu, tout me-nu, Le pe-tit ver tout nu?

La barbichette

Je te tiens
Tu me tiens
Par la barbichette
Le premier
De nous deux
Qui rira
Aura une tapette !

Cette comptine se mime à deux.
Chacun tient l'autre par le menton
et chante la comptine.
À la fin, il faut se regarder en silence
et surtout garder son sérieux.
Le premier qui rit reçoit une petite tape.

Je te tiens, Tu me tiens, Par la bar-bi-chet - te. Le pre -

mier, De nous deux, Qui ri - ra, Au-ra une ta - pette!

J'ai du bon tabac

J'ai du bon tabac dans ma tabatière
J'ai du bon tabac, tu n'en auras pas.

J'en ai du fin et du bien râpé
Mais ce n'est pas pour ton vilain nez.

J'ai du bon tabac dans ma tabatière
J'ai du bon tabac, tu n'en auras pas.

Lorsque le tabac fut introduit en France
en 1560, on ne le fumait pas,
on le prisait.
J'ai du bon tabac *fut écrite au* XVIIIᵉ *siècle
par* **Gabriel-Charles de l'Atteignant,**
*chanoine de Reims.
La chanson originale ne compte pas
moins de 9 couplets : c'est, en fait,
une chanson politique qui raconte
l'avant Révolution Française,
et cite même Voltaire.*

J'ai du bon ta - bac dans ma ta - ba - tiè - re, J'ai du bon ta - bac tu n'en au - ras

pas. J'en ai du fin et du bien râ - pé, Mais ce n'est pas pour ton vi - lain nez. J'ai du bon ta -

bac dans ma ta - ba - tiè - re, J'ai du bon ta - bac tu n'en au - ras pas.

Jean de la Lune

Par une tiède nuit de printemps,
Il y a bien de cela cent ans,
Que sous un brin de persil sans bruit
Tout menu naquit :
Jean de la Lune, Jean de la Lune.

Il était gros comme un champignon
Frêle, délicat, petit et mignon,
Et jaune et vert comme un perroquet
Avait bon caquet :
Jean de la Lune, Jean de la Lune.

Quand il se risquait à travers bois,
De loin, de près, de tous les endroits,
Merles, bouvreuils sur leurs mirlitons,
Répétaient en rond :
Jean de la Lune, Jean de la Lune.

Quand il mourut, chacun le pleura,
Dans son potiron on l'enterra,
Et sur sa tombe l'on écrivit
Sur la croix : ci-gît
Jean de la Lune, Jean de la Lune.

Dans sa mémoire chacun gardera,
Aux petits enfants racontera,
Tous les soirs avant d'aller au lit,
L'histoire du petit :
Jean de la Lune, Jean de la Lune.

*Les paroles de cette chanson, qui fut publiée pour la première fois
en 1889 dans un ouvrage de solfège, ont été écrites par **Adrien Pagès**.
En revanche, l'air de **Jean de la Lune** est d'origine inconnue, mais semble être plus ancien.
Cette chanson a des allures de conte, et emploie d'ailleurs
un trait caractéristique du merveilleux : l'être humain miniaturisé,
dont l'exemple le plus connu est celui des Lilliputs dans **Les voyages de Gulliver**.*

Par u - ne tiè - de nuit de prin - temps, Il y a bien de ce - la cent ans, Que sous un brin de per -

sil sans bruit, Tout me - nu na - quit. Jean de la Lu - ne Jean de la Lu - ne.